Estrategia y Personas

Iñaki Aliende

Estrategia y Personas/ Iñaki Aliende. —1st ed.
ISBN 978-1-5151189-9-2

Tabla de Contenido

i

A todos los que me demuestran su apoyo cada día, mi familia, mis amigos y los compañeros con los que trabajar día a día es una satisfacción.

Prólogo

Este libro es fruto de los proyectos y las experiencias acumuladas con clientes, partners, alumnos y otros especialistas. A todos ellos les agradezco sus contribuciones. Gracias a ellos ha sido posible darle un carácter eminentemente práctico a mis reflexiones.

El tema central es la gestión del desempeño en las empresas, al que acompaño con temas complementarios cuyo fin último es vincular la estrategia y las actuaciones de las personas.

Para ello abordamos también asuntos como la ejecución de la estrategia, la orientación de las empresas al cliente o el valor de negociar en las organizaciones. Todos esos temas están fuertemente vinculados en aquellas empresas con más posibilidades de desarrollo y competitividad.

Encontraréis intercalados algunos artículos en inglés, fruto de las colaboraciones con otros colegas que trabajan en esa lengua.

He estructurado el libro en tres grandes bloques para facilitar la consulta de aquellos aspectos que más os puedan interesar.

En el bloque de Sistema encontraréis los artículos relacionados con el diseño e implantación de los sistemas de gestión del desempeño, haciendo hincapié en aquellos aspectos que facilitan que la estrategia de la organización y el comportamiento de las personas corran paralelos.

En el bloque de Habilidades abordo las competencias personales que encuentro cruciales para que los sistemas implantados sean útiles, como por ejemplo la negociación o las habilidades personales relacionadas con la dirección de equipos y una adecuada valoración del desempeño de las personas.

En el bloque de Estrategia encontraréis recomendaciones para que los directivos de las empresas cuiden la ejecución de la estrategia, configurando empresas sostenibles, humanas y orientadas a sus clientes.

En síntesis, mi aspiración es hacer más sencillo que la estrategia de las organizaciones y las actuaciones de las personas se retroalimenten. Es especialmente relevante para este objetivo dotar a los equipos de herramientas y técnicas que permitan ejecutar la estrategia, como es el caso de toda la reciente literatura sobre 4DX.

Espero que os resulte amena la lectura y podáis extraer ideas para vuestro día a día.

Agradeceré mucho los comentarios que queráis hacerme llegar.

Sistemas de gestión del desempeño

#1 Why should I have a performance management system (PMS) in my company?

Gestión del desempeño

Estrategia → Acción

Feed-back

Orientar

Alinear las actuaciones personales con los intereses estratégicos de la organización

Proveer un feed-back equilibrado a los profesionales que potencie su desempeño

Dotar a los mandos de un sistema uniforme para dirigir y orientar a sus equipos

This is an obvious first question that all CEOs (not only HR Directors) should ask themselves. By the prosperous times before Lehman Brothers collapsed, this question didn t seem so crucial, since money flowed profuse. Today, the situation is completely different and most of the corporate decisions must be solidly justified (fortunately). Let's explain it simply.

1) *Strategic alignment.* A PMS is a useful tool to make people follow corporate goals. Undoubtedly, any strategic goal can be translated to personal goals and behaviors, so that personal accomplishment drives corporate success.

2) *Provide feedback.* Any department or person needs a corporate reference to know if its performance is correctly oriented. Sometimes we look for this

reference from clients, workmates, friends... but corporate feedback is a due.

3) **Talent management.** What is the model that must appraise your performance in your company? What arguments should HR function use to decide who will promote, what candidate choose or who must have a higher salary? All that questions (and many others) must be responded by an objective and a unique system (a PMA system). Of course, these issues are somehow solved in most of companies, but the point must be how to respond efficiently and fairly.

You really need a PMS to find the answers.

#2 Why PMS typically fail?

I bring here another interesting clip picked from YouTube. The story portraits very well a usual scene in companies where, unfortunately, management level doesn't frequently understand properly the elements and benefits of a PMS.

Take good explanations from here to use in your organization:

https://youtu.be/cI6CHqwa7w8?list=ULcI6CHqwa7w8

I find particularly interesting:

- Diagram of what a PMS is and what main blocks form it.

- Reason for PMS failure, especially:
  - When the company doesn't become the PMS an everyday system
  - When managers are permissive with poor performance (it is not a favour for underperformers!)
  - Personal performance measurement are misaligned or incorrectly expressed

#3 ¿De qué estamos hablando? ¿Cuáles son los límites de un PMS?

Hace unos días recibí un mensaje de una antigua alumna. Finalmente se había decantado por estudiar un MBA, tanto por interés personal como por dar consistencia a su formación empresarial. Me escribía así en un mensaje:

"...tenía verdadero interés en llegar al módulo de Gestión del Desempeño (o Performance Management), entre otras cosas para revisar algunos conceptos de los que hablas en tu blog, y profundizar en cosas que nos contaste en el curso. Es verdad que sólo hemos dado un par de clases, pero estoy hecha un lío. Las dos clases que te digo las hemos dedicado a construir indicadores, casi todo sobre finanzas y eso... no creo que haya pronunciado la palabra feedback ni una sola vez, que tú decías tanto en tu curso."

Es verdad que en un blog no pretendemos consolidar todo el conocimiento existente en una materia (para eso están los libros, si acaso), pero me saltó la alarma al pensar que no hemos definido lo suficiente lo que entendemos por PMS.

Por sintetizar lo más posible este post puedo diferenciar entre:

a) En el mundo anglosajón sobre todo, pero también muchos especialistas hispanohablantes entendemos Performance Management System (PMS) como un **sistema global de una organización a través del cual se alinea lo que se quiere hacer (estrategia) y lo que se hace (desempeño) y que contiene siempre una forma de medir si estamos** *alcanzando las expectativas (propias, del cliente, de los directivos, de los accionistas...).*

b) Frecuentemente también aludimos como PMS o Sistema de Gestión del Desempeño a aquel subsistema donde cualquier persona *recibe feedback acerca de cómo lo está haciendo*, en referencia a aspectos que son prioridades para la organización. Por ejemplo, un técnico de selección puede tener como objetivo reducir a tres semanas el plazo de selección de personas para los puestos del nivel C de la compañía. Si se trata de un objetivo bien definido, debe ser relevante para la organización, es decir, se entiende que tres semanas de duración para un proceso de selección para ese nivel profesional es adecuado para las necesidades y estrategia de la organización.

(En esta parcela se centra sobre todo el libro de Deusto "GESTIÓN DEL DESEMPEÑO: EVALÚE Y MEJORE LA EFICACIA DE SUS COLABORADORES", http://bit.ly/qXpecK, uno de los más populares sobre el tema).

Pues bien, entiendo que hasta el momento vuestro profesor del máster se está deteniendo en buscar indicadores globales adecuados para la estrategia de la compañía y que después puedan ser trasladados a indicadores individuales de desempeño. Por ejemplo, si tenemos en nuestra estrategia que debemos penetrar en un determinado mercado, parece razonable que el equipo comercial tenga entre sus objetivos presentar una cierta cantidad de ofertas comerciales a un porcentaje determinado de ese nuevo nicho a lo largo del año. Y a partir de ahí todo el ciclo de feedback personal y sus consecuencias (plan de progreso, decisiones en materia de RRHH...).

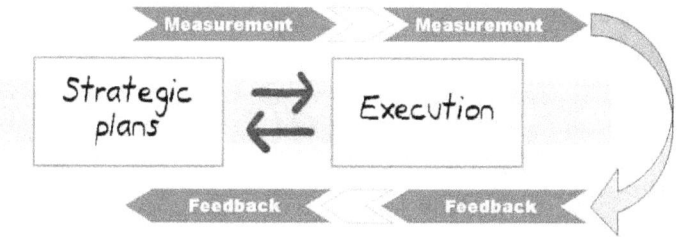

Personalmente me gusta llamar Sistema de **Apreciación** del desempeño a la parte de un PMS consistente en dar y recibir feedback de las personas. Es cuestión de matices (y de comunicar bien), pero apreciación en una palabra muy rica que incluye feedback, agradecimiento y observación.

#4 Main mistakes when designing a PMS

I always insist my clients that they must never forget that, when all is said and done, people (like you and me) are who finally use the PMS and make or not worthy of it. Therefore, besides linking correctly strategy and team's objectives, systems must be understandable. My experience is that this is a usual pending subject for companies. One of my obsessions when designing a PMS is keeping it as simple as possible.

© UFS, Inc.

Specifically, I would recommend avoiding:

Establishing criteria that nobody understands

Surely your strategic mind can fly high, try not to do too high so people can clearly understand their performance goals perfectly --> Use examples for this in your training sessions about the PMS. (If your confusion mainly lays on how to translate company ́s goals to performance objectives I recommend you to read http://bit.ly/nXID4T where my colleague Sandy Richardson succinctly explains it in 12 points).

Being unclear at defining the steps and expectations of the system

Once people complete the training sessions to know how to use the system, expose what the route is in order to keep the system moving on. Uncertainty is a usual mistake. Be active, keep them alert.

Forgetting to establish an update procedure for the system

Be conscious that the first push of a PMS comes easily, since the company has spent a relevant budget on it and HR staff need to show that the project has been accomplished. However, don ́t forget that the following step is even more crucial to adjust the system and make it a useful tool. Don ́t be you who forget establishing a procedure to polish the PMS time to time, letting improvements to adjust the system.

#5 Sobre despedir a alguien...

Hace unos días me llamó un amigo para pedirme "consejo profesional". Uno de esos amigos que alguna vez me había preguntado: "pero tú EXACTAMENTE, ¿en qué trabajas?." Salvada mi sorpresa inicial me puse a su disposición.

- Tienes las impresión... - le incité a hablar reformulando sus palabras.

- Sí, es que nunca ayuda a nadie, no me hace caso en lo que le digo, ha tenido varios errores muy graves que incluso nos han hecho perder dinero (el último un error, que ya había cometido en otra ocasión, había sido en la presentación del impuesto de sociedades) siempre es la primera persona en irse a casa...

- Y ella es consciente de lo importante que todo eso es para la empresa... - continué- y para el equipo.

- En la última entrevista de gestión del desempeño - contestaba...

Vi el cielo abierto la verdad. Resulta que mi amigo es de esos profesionales aplicados que todos los días le hacen un favor a su empresa aplicando el PMS o Sistema de Gestión del Desempeño. Ordenadamente recogía evidencias sobre el desempeño de su equipo y basaba el feedback sistemáticamente en los hechos objetivos sobre aquellos criterios de valoración del desempeño a los que había aludido en la descripción que me había realizado sobre el desempeño de esa persona (orientación al cliente, proactividad, consecución de objetivos personales y de equipo...).

- Dime algo por lo que no puedes echar a esta persona - le pedí

- Sería la primera vez.

No volví a hablar con él hasta un mes después, aprovechando la cena en casa de una amiga. Tras nuestra conversación había tardado diez días más en despedir a esa persona. Eso sí, cuidó mucho que el resto del equipo supiera por qué había sucedido. Y lo que más le llamó la atención fue el comentario de la mayor parte de sus colaboradores: "ya era hora".

Efectivamente no sólo él había detectado la carencia de compañerismo, profesionalidad e implicación de esa persona para ese puesto.

La conclusión que podemos sacar es que cuando hemos sido rigurosos y hemos dado oportunidades a las personas a veces sólo hay una solución y el no tomarla puede generar o agravar más problemas aún.

En este caso, como en muchos otros, una aplicación correcta del PMS permite que nuestra decisión sea objetiva y claramente comprensible. Ser permisivo con el bajo desempeño no hace un favor a nadie.

#6 Fórmulas para establecer expectativas de desempeño alineadas

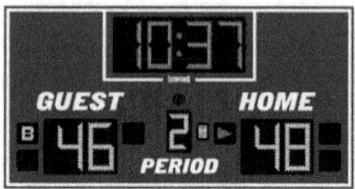

Un reto ligado a cualquier PMS es conseguir que los retos estratégicos de la empresa y los objetivos personales (indicadores de desempeño, expectativas, contribuciones... o como les llamemos) guarden relación.

Imagina que en un partido de baloncesto un jugador levanta la mirada hacia el marcador para saber cómo van. Sería inimaginable que el marcador estuviera estropeado, que marcara el resultado de otro partido que se juega a 100 kilómetros de distancia, o que los números estuvieran escritos en una lengua extraña que nadie entendiera. Parece claro que es imprescindible como elemento de cohesión en toda entidad porque, si no, la estrategia es como un sueño del que los managers nunca tuvieron noticia. O como se define frecuentemente en artículos de management: la ejecución se divorcia de la estrategia.

Una cosa es la estrategia, otra que esté alineada con lo que se espera de las personas (trasladar los indicadores estratégicos a los objetivos de desempeño personales), otra que se midan indicadores estratégicos y de desempeño y, finalmente, que del análisis de esos indicadores seamos capaces de mejorar y tomar decisiones para llegar a alcanzar nuestros objetivos estratégicos.

- **Indicadores de plan estratégico** si nuestro plan estratégico ha sido definido con la suficiente calidad, nos ofrecerá una guía seguro en la que inspirar nuestras prioridades.

Por ejemplo, si hemos diagnosticado que la única forma de suavizar el paso de la crisis es vender fuera de nuestro país, parece claro que ciertos departamentos como ventas o logística deberán alinear su actividad con ese objetivo estratégico, y que deberán disponer de indicadores que les permita verificar si se está consiguiendo correctamente.

- **Cuadros de mando departamentales.** Esos indicadores a su vez influirán en los objetivos o responsabilidades de la personas que trabajan en esos departamentos y sobre los que se deberá valorar su desempeño. Siguiendo con el ejemplo un comercial podría tener como objetivo identificar los 20 clientes potenciales principales en Irlanda, o en logística alcanzar un promedio de 3 días de plazo de entrega en Dublín.

- **SLAS internos.** Un último ejemplo de referencias que podemos emplear para establecer indicadores apropiados y alineados es utilizar Service Level Agreements. Este concepto parte de la idea de que todos en una organización tenemos la responsabilidad de entregar o proveer una serie de productos o servicios a unos clientes (ya sean internos o externos). La evaluación del cliente sobre si lo estamos haciendo correctamente es un indicador maravilloso para valorar si alcanzamos las expectativas generadas.

#7 Is there only one way to implement a PMS?

Many times, in my classes, I have found that type of attendee who wants to know THE process, the one and only sequence to drive a project from point A to point B. That magic stick doesn t frequently exist, unfortunately.

It's the same in PMS implementations. According to the culture, current situation and strategy of the company, the PMS implementation can pass over very different steps and hurdles. A few days ago a contact sent me this message: "My company is going through a LEAN project to focus most of the departments on the same priorities. On the HR side, we are also working on developing our management system to make the directors and heads of departments provide a regular feedback to their teams. I wonder if you can give me any idea to match both projects before this Lean run over my activities".

Actually, this situation can be a good one. As the company is making its efforts to implement a Lean project, HR team can leverage it to draw the goals that will be part of the PMS. I love Lean philosophy, especially since it went beyond representing just budget and job cutbacks. It means the mustdo of continuous improvement in organizations, with three characteristics:

- LEAN doesn't only mean cost reduction, but reinforcing the value added to clients.

- LEAN demands staff participation to preserve value added and remove any waste from our processes.

- LEAN promotes improvement in a sustainable manner and, therefore, growth and competitiveness. It is not about an isolated project, but something that enriches our way of being as a company.

The advice for my contact was to watch LEAN project implementation and use the goals established for different departments to be the required goals for people in the PMS. Use LEAN as the hardware and PMS as the software to provide soft skills to managers to encourage people performance.

#8 Sucesos que envenenan nuestro trabajo

En tiempos de crisis es aún más importante no malgastar nuestro tiempo ni nuestros presupuestos en proyectos que no estemos seguros que vamos a completar. Hace poco presenté el Informe de Clima Social en una empresa de unos tres mil empleados.

Una semana después de la presentación me reuní con la Directora de Recursos Humanos y, sin llegar a haber profundizado en mis recomendaciones, ella misma me dijo: "¿Qué podemos hacer con estos resultados? Pero que sepas que ahora mismo no podemos abordar la implantación de un sistema de gestión del desempeño." Ella misma era consciente de su necesidad, pero si no era el momento por las causas que sean mejor no empezar y crear expectativas.

¿Cuáles son los sucesos que envenenan la implantación de un sistema?

- *Seguimiento parcial por parte de la dirección*: Cuando un sistema es joven, la Dirección no debe admitir tregua en el cumplimiento de los hitos de su implantación. En caso contrario el descenso del sistema a los niveles inferiores de la empresa llegará viciado, sin la importancia necesaria para ser bien implantado.

- *Ausencia de asesoramiento interno*: Lo hemos dicho en alguna ocasión, no vale con unas buenas sesiones de formación/entrenamiento sobre el sistema. En sus primeros pasos las personas, y en especial los responsables, necesitarán que Recursos Humanos o los consultores internos que sean, resuelvan las dudas concretas sobre la aplicación del sistema.

- *Vinculación a la remuneración poco meditada*: Entiendo el impulso de querer rápidamente relacionar desempeño y remuneración. Por dos motivos; el primero que las personas estén más motivadas para aplicarlo, y segundo que la remuneración sea más equitativa, reconociendo el buen desempeño.

Sin embargo, la remuneración es un asunto muy delicado que puede envenenar la correcta aplicación del sistema, por muy bien diseñado que haya sido.

Por un lado, hasta que el PMS no esté perfectamente implantado no podemos estar seguros de que sus resultados realmente reflejan que las personas mejor valoradas son las que mejores resultados obtienen. Puede ser que simplemente haya jefes más laxos o que la comprensión de algunos criterios que se valoran no sea la correcta. Deberá pasar al menos un año para estar seguros de que los criterios se aplican correctamente.

Por otro lado, el sistema de remuneración existente puede exigir una reforma que defina qué parte del mismo puede ir en función de los resultados del PMS. Por ejemplo, qué proporción del salario puede ser variable, qué proporción del salario variable puede venir de criterios del desempeño individual, o de los resultados del equipo, o de los resultados de la empresa. Todo ello exige meditarlo muy despacio para crear un sistema equitativo, pero también sostenible y fácilmente gestionable.

Recordemos que no podemos transmitir la idea de que la remuneración es la única fuente de motivación... entre otras cosas porque no es así.

#9 Hoy no voy a trabajar. ¿Cómo tratar el problema del absentismo?

Un adecuado sistema de gestión de personas debe tener en cuenta los problemas que pueden afectar al rendimiento global de la organización.

Al fin y al cabo qué mejor tema para dedicarle tiempo que evitar que las personas que tenemos contratadas dejen de ir a trabajar. Quiero rescatar alguna de las ideas del estudio sobre el tema de la mutua Egarsat:

Los dos factores que parecen reducir la predisposición al absentismo son la flexibilidad y la posibilidad de tener una conversación agradable con el jefe directo.

Podría dar que hablar también la conclusión del estudio que indica:

Los trabajadores a tiempo parcial son más propensos a ausentarse que los trabajadores a jornada completa.

Esquiva el estudio la peliaguda cuestión de las causas más frecuentes de absentismo en las organizaciones, dejándolo para el análisis particular que cada Director de Recursos Humanos quiera hacer en su entidad. Igualmente tampoco entra en lo que entendemos o no por absentismo.

También me sorprende gratamente el papel que otorga a la formación como pieza clave en la reducción del absentismo a través de:

- El impacto directo en la reducción de accidentes y lesiones.

- Proporcionar más seguridad al empleado frente a los retos de su puesto de trabajo.

- A través de la formación en competencias para que los mandos sepan gestionar de forma adecuada personas.

#10 ¿De quién son las prioridades?

Es difícil cooperar cuando dos personas ponen su atención en distintas cosas. Habían transcurrido veinte minutos de la primera parte, era el primer partido de fútbol al que mi hijo y yo acudíamos a ver al estadio. "¿¡Has visto qué jugada!?" - le dije. No me respondía y al girar la vista hacia él me di cuenta de que se había puesto a hablar con otro niño, seguidor del otro equipo, acerca de las camisetas de los equipos de fútbol que los dos llevaban puestas.

Sí, en resumidas cuentas el primer paso para cooperar es estar enfocados en las mismas *prioridades*. Por ejemplo, en la empresa, cuando esperamos que los miembros de nuestro equipo sigan las orientaciones estratégicas lo primero que debe ocurrir es que sepan qué es importante y orienten hacia ello sus esfuerzos. Después vendrá que lo hagan conforme a lo que a la empresa y al equipo les interese, y finalmente que sepan cómo hacerlo. Mucho dinero se tira a la basura mandando a empleados a cursos que nunca aplicarán, simplemente porque el problema está en que no saben lo que es importante aplicar o bien tienen su propia forma de entenderlo/hacerlo. Hablamos de los desencuentros de todos los días (por ello los cursos de management son imprescindibles).

En la implantación de PMS es frecuente realizar entrevistas de descripción de puestos, donde se detalla el contenido de los puestos (su área de responsabilidad, objetivos...). Esas descripciones son revisadas por los mandos y finalmente los directivos para confirmar que realmente la acción de los puestos están alineadas con la actuación de los equipos y la estrategia de la empresa. Pues frecuentemente me ha ocurrido que los directivos se asustan cuando revisan la descripción de puestos intermedios en la compañía. ¿Qué ha pasado? Pues algo muy grave, que la dirección de la empresa no había sido capaz de transmitir las verdaderas prioridades a los equipos. Podéis imaginar el coste en tiempo, esfuerzo y dinero que algo así representa. La implantación de un PMS saca a la luz estos problemas y ayuda a resolverlos.

Un subproducto interesante de la implantación y mantenimiento de un PMS es el *mapa de prioridades* que viene a ser una tabla donde establecemos las prioridades de toooooda la empresa, pudiendo analizar de un vistazo si realmente están alineadas y si obedecen a la estrategia de la organización. Los indicadores y objetivos deberán tener relación directa con esas prioridades alineadas y también el feedback que recibamos a partir de que estemos alcanzando los objetivos o no. No sé si esto resulta simplemente de sentido común, pero a veces el "día a día" nos resta la "visión aérea" exigible a un buen directivo para que consiga ejecutar la estrategia (que muchas veces queda tan sólo en un papel).

#11 ¿A qué jugamos?

Si no hay decisiones habrá inercia.

Ahora que el conserje del colegio de mi hijo me ha dicho que la crisis ha acabado, que se oyen declaraciones optimistonas sobre que lo peor ha pasado (ya nadie se atreve a decir "brotes verdes") y que el rescate bancario ha sido levantado, me viene a la memoria uno de mis clientes favoritos.

Mediado el proyecto de orientación al cliente le propuse hace ya más de un año tres alternativas de reorganización de su empresa, de más a menos ambiciosa (y porqué negarlo, de más a menos costosa... aunque no todos son costes dinerarios, ya sabéis lo difícil que es sacarnos a las personas de la zona de confort). Todas le parecían mal, y me decía que no había entendido cómo funcionaba su sector. También me decía que algo había que hacer, pero que no sabía el qué. Tras un par de reuniones y otro par de conversaciones intrascendentes sobre liderazgo y motivación (posiblemente dos de los términos más pervertidos en los discursos de los gurús) optó por retrasar el proyecto. A los seis meses me llamó y lo retomamos. Se había dado cuenta de que o tomaba alguna decisión o que las cosas no cambiaban... curiosos los seres humanos a las conclusiones que llegamos, ¿eh?

Entonces:

1) Orientamos la política comercial a la retención de los clientes prioritarios y

2) En el área de producción creamos un modelo de gestión de proyectos homogéneo para toda la organización que velara por el servicio al cliente. Esto era el 2012, había crisis, ¿os acordáis?, y sin embargo en seis meses los indicadores de la empresa habían mejorado... indicadores que eran nuevos para casi todas las personas de la empresa, porque antes sólo estaban en la cabeza y el laptop del director. Igualmente gracias a los proyectos todos los puestos de operaciones de la compañía tenían sus indicadores de éxito que revisaban cada tres meses con sus responsables.

A mi juicio la clave del proyecto, sin quitar mérito a nadie, fue hacer consciente a las personas de su ámbito de decisión, de sus prioridades y de cómo encaja su rol en el éxito de la organización. De esta forma todos sabían a qué jugaban y si lo estaban haciendo mal o bien.

Así no necesitaban tirar el dado cada vez que tenían que tomar una decisión:

1) Que todos conozcan sus prioridades y sean compatibles con la estrategia.

2) Que tengan indicadores que les digan qué tal van.

3) Qué existan medios para tomar decisiones y llevarlas a cabo para mejorar los indicadores.

Por aquel entonces, en otro lugar del planeta a miles de kilómetros, la factoría Covey publicaba su libro The4DX.

#12 Cuida del desempeño, aunque tu sistema no sea perfecto.

Una reciente charla con un amigo, sin otras pretensiones que la de saber cómo le iba, me ha ayudado a cuestionar algunas de mis ideas sobre la gestión del desempeño. Multitud de horas dedicadas al tema en proyectos para diversos clientes a lo largo del año podían no ser suficientes para enfocar el tema con suficiente frescura ante nuevas situaciones.

"El problema, sinceramente te lo digo, es que valorar a otra persona es un riesgo, porque se lo puede tomar tan mal que termine saboteando el trabajo de todo el equipo" – afirmaba mi amigo.

Es cierto que, como muchas veces decimos, un sistema puede ser ingenierilmente bello de acuerdo a lo que exige la empresa, pero al final los sistemas los ponemos en manos de personas, y depende de ellas que sean finalmente exitosos. Y para ello mis recomendaciones son muy claras:

- Incluye en el sistema aquello que sea razonablemente posible valorar. Tiene poco sentido tratar de acumular criterios (he visto diccionarios de competencias de hasta 22 competencias) para ser valorados. Más vale pocos criterios y claros que incluir multitud de criterios que valorar sobre los que al final es materialmente imposible hacer un seguimiento.

- Dedica tanto o más tiempo a entrenar y resolver dudas sobre el sistema que a explicar en qué consiste. Es fundamental que las personas se sientan seguras a la hora de utilizarlos, ayudarles a superar los miedos que surgen cuando te tienes que poner delante de alguien y decirle si "lo ha hecho mal o lo ha hecho bien".

- No pierdas de vista que lo más importante de todo es proveer a nuestros profesionales de un feedback que puedan utilizar para mejorar. Es muy humano, al menos en nuestra cultura, que la crítica, hasta la constructiva, no sea acogida de buen grado. La tarea se hará aún más ardua si la vinculamos con la remuneración, sobre todo cuando el sistema no está aún suficientemente asentado. El momento de vincular desempeño y remuneración llegará por su propio peso, cuando las personas lo reclamen.

Pero no me gustaría alejarme del comentario de mi amigo. Suponiendo que el sistema de la empresa donde trabaja mi amigo hubiera contemplado estas recomendaciones y mi amigo manejara el sistema con seguridad, supiera proveer feedback y construir planes de mejora con su equipo (que no está nada mal), su punto de vista es que algunas personas se lo tomarían a mal porque y al final parte de sus colaboradores se encontrarían decepcionados con su jefe y, por ende, con su empresa, descendiendo finalmente su rendimiento.

Mi experiencia, por el contrario, es que:

1) La mayor parte de las personas son tan exigentes o más con su trabajo como su jefe, y eso lo ves en cómo valoran su desempeño anual en las entrevistas de gestión del desempeño,

2) La mayor parte de los profesionales, si no todos, buscan alguna referencia en su jefe, su cliente, su compañero... que les diga "cómo lo están haciendo" (os recomiendo leer "Qué tal lo hago" de Richard L. Williams).

3) Cuando una persona rechaza el feedback (siempre que sea equilibrado) de su jefe, algo suele andar mal en el perfil competencial del colaborador.

Eso sí, debemos asegurarnos, a través del análisis continuo del sistema, de que existe la uniformidad necesaria entre las personas que valoran a otras, de forma que estemos siendo equitativos a la hora de emplear el sistema. Porque tengo bien claro que la implicación de muchos profesionales se ve mermada por falta de equidad en el tratamiento de situaciones (por eso se hacen tantos cursos para mandos, ¿no?) o por la gestión de los sistemas de recompensa en las empresas. Cuidado con esto, no sea que mi amigo vaya a tener razón.

Hay que tener en cuenta además que cada empresa posee, no sólo una cultura diferente, sino también que vive una etapa diferente, con distinto grado de madurez para abordar ciertos proyectos según sus prioridades, organización, salud financiera y grado de implicación de sus profesionales. Ello incluirá en la el tipo de sistema o la forma de implantarlo, pero en cualquier caso no debemos olvidar que de una u otra manera a todos se nos mide el desempeño de alguna manera en nuestra empresa y que, al fin y al cabo, más vale hacerlo de una manera transparente, uniforme y alineada con la estrategia como es lo que persigue un sistema de gestión del desempeño. Para todo esto daba una sencilla charla veraniega.

#13 De la imaginación a la medición, alinear los planes estratégicos con los objetivos personales.

Gracias Luisa por tu email. En él me comentabas que echabas de menos que expusiéramos un proceso completo de gestión del desempeño utilizando algún ejemplo real. Vamos con ello en este post.

> *"...si bien me interesan los post que vas publicando tengo la impresión de que los veo flotar en el mundo de las ideas, echo de menos algún ejemplo concreto que me ayude a entender bien todos los conceptos... me refiero por ejemplo a cuando hablas de lo necesario que es que la estrategia se alinee con lo que me valora mi jefe..."*

A principios de este año me reuní con los tres principales directivos de una empresa dedicada a la fabricación de mobiliario efímero (llamémosla EFMO). Entre muchas cosas de las que me contaron decían:

a. Hay muchas personas que preguntan continuamente qué es lo que tienen que hacer y piden autorización para todo, sin atreverse a tomar decisiones

b. Los clientes parecen asunto sólo del departamento comercial, el resto de la organización además los ve como un incordio

c. Cuando llega el momento de pagar el salario variable todo el mundo piensa que se merece el máximo porque han trabajado muy duro

Por resumir, yo les dije que tenían una cultura empresarial bastante "tradicional", basada en la historia, en el paternalismo del fundador y con gran enfoque al esfuerzo, más que a la rentabilidad. Les comenté que si querían seguir desarrollando la empresa, internacionalizarla, conseguir clientes A y crear una estirpe de directivos que aseguren la continuidad de la empresa debían hacer cambios. Caminar hacia una cultura donde cada mando fuera más independiente sin perder de vista las prioridades de la organización, donde podamos medir en qué sentido mejoramos y donde la gente tenga más incentivos a proponer, a participar y a decidir. Y todo ello sin perder de vista lo que quieren los clientes.

El eje principal en el que trabajamos fue la creación de un PMS que hilvanara la estrategia con los desempeños de los equipos y las personas. Creamos un cuadro de mando estratégico con indicadores en 4 dimensiones: finanzas (¿tenemos financiación?), clientes (¿damos respuesta a las necesidades del mercado?), procesos (¿somos eficientes?) y personas (¿contamos con el talento necesario?). Sobre dimensiones de la empresa recomiendo el paradigma de la gestión del conocimiento extraído del caso de la empresa Skandia.

Estos indicadores llevaban asociados unos umbrales de permisividad donde, en principio, debían moverse los indicadores para cumplir los objetivos estratégicos.

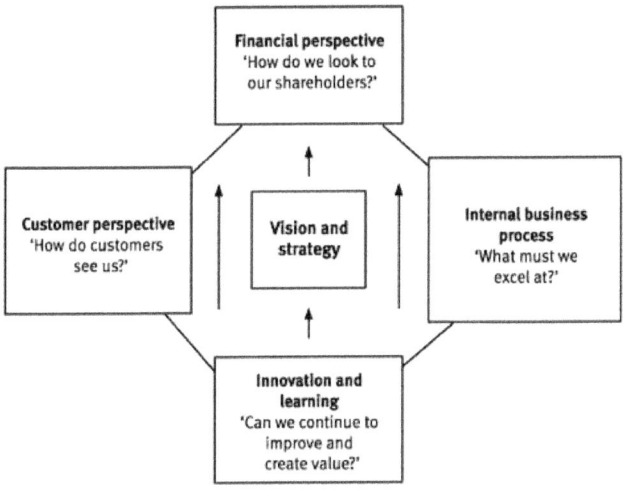

Este cuadro de mando plasmaba decisiones estratégicas, tales como basar el crecimiento de la organización en un mayor porcentaje de clientes A para asegurar la sostenibilidad de la empresa y su rentabilidad. Relacionado con ello era prioritario, por ejemplo, reducir las incidencias en las entregas a los clientes, desde la dimensión de procesos. A su vez ese indicador se reflejaba en objetivos grupales y personales en los equipos de logística, producción y calidad.

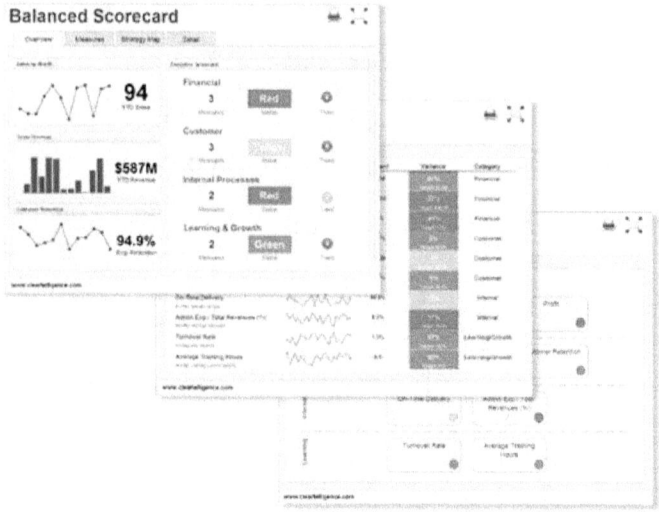

Echando un vistazo al cuadro de mando estratégico era fácil analizar si estábamos cerca o lejos del rumbo que nos habíamos marcado como empresa, pero además observando los indicadores asociados a los equipos y personas era sencillo descender para saber en qué zonas de la empresa estábamos cumpliendo las expectativas y en cuales no tanto.

Pronto pudimos afrontar los tres problemas, bien identificados, que nos habían comentado los directivos.

a. El PMS nos ayudó a transmitir a las personas cuál era su margen de autonomía.

b. Con el cuadro de mando fue sencillo explicar cómo todos los esfuerzos en todos los puestos de la compañía tienen un reflejo de cara al cliente.

c. El salario variable pasó a tener una relación mucho más directa con los resultados, y no con el esfuerzo, pudiéndose contemplar objetivos de empresa, de departamento o personales, cada uno en un porcentaje.

#14 ¿Qué hacemos con los "poor performers"?

He rescatado algunos vídeos cortos que me han resultado interesantes de cara a abordar casos de desempeño pobre:

http://www.youtube.com/watch?v=NFQeZMc5p08

Además de su envidiable comunicación no verbal, este consultor nos da claves útiles sobre cómo actuar cuando nos enfrentamos a colaboradores con los que no estamos satisfechos.

http://www.youtube.com/watch?v=dU6ySwzDrMs

Es una magnífica escena de cómo a veces abordamos de forma torpe casos que a nuestro juicio son de bajo desempeño.

Recuerda:

- No presupongas ni comuniques que el colaborador tienen "mala actitud" sino que los resultados o expectativas no corresponden a lo esperado

- Permite expresar al otro su punto de vista, arranca buscando información, no juzgando

- Cuida la comunicación no verbal

http://www.youtube.com/watch?v=7FUkp34ULR8

Finalmente una historia bien contada sobre la necesidad de vincular indicadores representativos e intermedios para saber "cómo vamos".

#15 El ranking de empleados, y otras formas de arruinar la confianza

Hace poco un Director de desarrollo de personas me contaba una escena con su Consejero Delegado. En la presentación del Plan de formación para el siguiente periodo mencionó algo así como "uno de los objetivos de este plan será recuperar a aquel grupo de empleados que presenta niveles de desempeño por debajo de lo que podemos entender como normales."

A lo que el CEO respondió: "¿Tú tienes esa lista de personas?" Es cierto que en este mismo blog hemos hablado y defendido que los directivos de las organizaciones simplifiquen el proceso de orientación estratégica con las distintas áreas que componen esas organizaciones, incluso que debemos reaccionar ante casos de "desempeño pobre" para reconducir el rendimiento de equipos y personas.

Sin embargo, hay "atajos" que no sólo no funcionan, sino que pueden echar por la borda años de fomento del talento y creación de confianza entre los profesionales y la organización.

Uno de los habituales es la tentación de contar con un "ranking de empleados", diferenciando, como si de una clasificación por puntos se tratara, los "buenos" y los "malos". Los sistemas de gestión del desempeño, uno de los temas estrella de este blog, se prestan de forma muy golosa a convertirse en uno de esos ranking. A continuación voy a citar las cuatro principales razones por las que esos ranking o listas (blancas o negras) no sólo pueden atentar contra los valores, sino que son contraproducentes para el rendimiento de la organización:

- Cualquier sistema de gestión del desempeño basa su efectividad en la *confianza* entre los profesionales de la organización para generar un futuro próspero. Si sus conclusiones o resultados desembocan en represalias para una parte de ellos se convierte en una pérdida de tiempo y generará gigantescos problemas de comunicación.

- Los ranking ocultan *matices* que son precisos considerar para la mejora individual, ya que no existe una única variable que permita ordenar "de mejores a peores". El desempeño de todas las personas tiene sus luces y sus sombras que hay que gestionar individualmente o con la colaboración de otros. Además una buena o mala valoración del desempeño en un momento del tiempo, no implica que se vaya a mantener en el futuro.

- La aparición de "listas negras" desvía la atención sobre cómo fue posible que esas personas llegaran a tener un rendimiento pobre y, en consecuencia, aleja la posibilidad de que la organización, con *autocrítica*, mejore de cara al futuro e incorpore mejoras en la forma de dirigir personas, en la formación corporativa o la organización general de puestos y actividades.

- Los ranking estarían poniendo al mismo nivel déficit de rendimiento debidos a una escasa preparación con aquellos otros debidos a falta de implicación con el trabajo o el equipo. Debemos darnos cuenta de que la escasa preparación tiene un arreglo más sencillo a través de formación, seguimiento o nuevas experiencias, pero que la falta de implicación continuada representa, eso sí, un problema con consecuencias más graves para el rendimiento de la organización.

Habilidades

#16 ¿Qué debe incluir una sesión de formación de manejo de un PMS?

Una buena sesión de formación a las personas que utilizarán el sistema consiste en *entrenarlos* en su uso. Entrenamiento es una palabra que me gusta, porque denota actividad y practicidad. La formación sin embargo, como la palabra motivación y otros conceptos, ha sido frecuentemente pervertida o alejada de lo que necesita realmente una empresa. Para que una persona utilice un PMS (y lo haga bien, que al fin y al cabo en su mano está el éxito de la aplicación del sistema) deberá (de más fácil a más difícil, según mi experiencia):

- Conocer cómo funciona técnicamente (sus procesos, sus criterios...) para poderlo aplicar

- Encontrar en la organización la información y recursos necesarios para aplicarlo

- No tener ningún miedo a aplicarlo y, más bien, si puede ser identificar los beneficios de hacerlo

Por lo tanto, a la hora de diseñar una sesión de entrenamiento en un PMS, aconsejo:

- Parta de un caso factible de producirse en la empresa, por ejemplo que describa como ha trabajado un hipotético profesional de la empresa y deje que los asistentes lo valoren de acuerdo al PMS.

- Establezca muy claramente cuáles son los siguientes pasos a llevar a cabo dentro del proceso de valoración del desempeño de la empresa (provea guías, checklists, hojas de ruta...)

- Realice simulaciones de entrevistas de gestión del desempeño y provoque que surjan situaciones complicadas a las que posiblemente las personas tengan que enfrentarse (por ejemplo el colaborador reivindicativo o el que pide más recursos para conseguir los objetivos...).

Y, como en todo, nunca está de más que sepan a quien recurrir si tienen cualquier duda.

#17 Performance appraisals mistakes [review]

There is a broader bibliography about performance appraisal interviews on the Internet. Among them, I want to bring an interesting series about our topic. Corporate Canary consultancy shows in YouTube a good summary of ten main mistakes on performance appraisals.

https://youtu.be/oEw9EwGPUI4

In my opinion these are certainly 10 usual mistakes in appraisals (probably with different importance), one critical part of PMS process:

- Unprepared discussions/interviews
- Delaying feedback
- No evidences supporting feedback
- Interruptions during providing feedback
- No improvement plan
- Don't follow the improvement plan
- No positive feedback
- Misaligned feedback (rewards or reorientation)
- One way dialog
- Biased feedback

#18 Cuando los jefes ya se "comunican" suficientemente.

Estas semanas atrás he tenido la oportunidad de trabajar con dos grandes empresas españolas, para el departamento comercial y de atención al cliente. En ambos casos hemos realizado talleres en los que mejorar las **habilidades de influencia**. A diferencia de lo que hemos comentado en muchos de los posts de este blog, a juicio de los participantes la comunicación y el seguimiento que mantienen con sus equipos es permanente, dado que cuentan con información casi instantánea de "cómo van" (objetivos semanales, incidencias, valoración del cliente, éxito de campañas, estadísticas de fidelización...).

De esa forma "es imposible que sus equipos pierdan el rastro del negocio". Es muy de estos tiempos los contextos de trabajo de estas características, donde los ciclos de gestión de proyectos, la respuesta del cliente o la monitorización de la demanda se han reducido hasta manejar el día como unidad de trabajo. No es raro conocer equipos que viven en una constante videoconferencia o reunidos para "comunicar" o tomar decisiones de cambios. Sin embargo, me manifestaban que no están seguros de sacar partido a todo el talento de sus equipos y que a menudo se encuentran con situaciones que les superan: se encuentran más a gusto con unos colaboradores que con otros, la relación con ciertas personas se deteriora, no consiguen reorientar el desempeño de ciertos miembros del equipo, etc.

Y es que en este tipo de contextos profesionales la relación del responsable con su colaborador posiblemente se ha intensificado en cantidad, pero no necesariamente en calidad. Les pido a los participantes en los talleres que se preguntaran:

1) ¿La comunicación es de doble sentido o sólo existe una transmisión de órdenes o de cambios de rumbo?

2) ¿Está diferenciado lo crítico de lo accesorio o más bien todo se diluye en una nube de informaciones continuas?

3) ¿Existe el feedback personalizado o tan solo la comunicación al equipo en general? Cada vez es más pertinente el término *feedforward* para referirse al feedback personalizado que ayuda a seguir adelante hacia los objetivos, y no que solamente hace una valoración puntual de lo ocurrido.

Para que los árboles nos permitan ver el bosque, un primer paso para mejorar las capacidades directivas es diferenciar claramente los aspectos relacionados con el **marco básico de colaboración** de las cuestiones relacionadas con el desempeño. Incluso en estos entornos frenéticos es posible. En el primer grupo se encuentran las "normas fundamentales" de trabajo tales como la puntualidad, el respeto o la normativa laboral que todos tenemos que cumplir (no existe negociación y se relacionan con el área de poder que la empresa le ha conferido al responsable).

En el segundo grupo incluimos todas las cuestiones relacionadas con la observación de la calidad del trabajo de las personas (área de influencia): cumplimiento de responsabilidades, alcance de objetivos, gestión del error, competencias demostradas... Cada responsable de equipo puede poner el límite entre un área y otra de acuerdo con la cultura de empresa, las circunstancias y su estilo personal como responsable.

Lo más importante es ser *coherente*, de modo que en diferentes momentos no valoremos las situaciones o las personas con diferente rasero. Si yo considero que ayudar al compañero es una norma básica para conseguir los objetivos del equipo significará una exigencia para todos sus miembros en todo momento y en ningún caso negociaré con ningún colaborador su cumplimiento.

Sin embargo, aspectos como el retraso en algún plazo de entrega al cliente, el grado de consecución de objetivos o el orden de prioridad en que se acometen los asuntos son aspectos ligados al desempeño que, empleando mis capacidades de influencia, podré ir tratando con mi equipo. A partir de esta diferenciación mis recomendaciones eran las siguientes:

- *Provee un feedback completo y calmado.* Es preciso, de vez en cuando alejarse del "ruido" diario y hacer un balance de fortalezas y áreas de mejora. De otro modo el corto plazo y lo efímero restarán importancia a lo crítico y permanente.

- **Diferencia lo crítico de lo accesorio.** A menudo la diferencia de criterio o desempeño entre un responsable y un colaborador radica exclusivamente en la diferente prioridad que se le otorga a los temas. Es decir, no es un tema de comprensión ni de competencia, sino de sensibilidad en el sentido de las prioridades

- **Recuerda siempre los objetivos finales, que tu feedback no se interprete como un capricho.** En contextos de trabajo como los descritos debemos insistir en que el fundamento de nuestro feedback no son nuestros caprichos personales, sino las consecuencias que nuestro desempeño tiene sobre el negocio. Este es el tipo de feedback enriquecedor que muestra a los colaboradores la trascendencia de su trabajo.

"Un hombre golpeaba fuertemente una roca, con rostro duro, sudando. Alguien le preguntó:

- ¿Cuál es su trabajo? Y contestó con pesadumbre:

- ¿No lo ve? Picar piedra.

Un segundo hombre golpeaba fuertemente otra roca, con rostro duro, sudando. Alguien le preguntó:

- ¿Cuál es su trabajo? Y contestó con pesadumbre:

- ¿No lo ve? Tallar un peldaño.

Un tercer hombre golpeaba fuertemente una roca, transpirado, con rostro alegre, distendido. Alguien le preguntó:

- ¿Cuál es su trabajo?". Y contestó ilusionado:

- Estoy construyendo una catedral."

#19 Y todo esto es posible.
Las historias de J y J.

Años, décadas llevamos tratando de promover que los responsables de equipo realicen seguimiento *del desempeño* de sus colaboradores. Gracias a ello los equipos:

1) Se aproximan a los objetivos previstos

2) Las organizaciones aprovechan mejor el talento

3) El clima social mejora

No en vano todas las grandes multinacionales insisten en ello y mantienen sus sistemas de gestión del desempeño, convencidos de su importancia. En todo este empeño, a veces frustrado, pulula el reto de sensibilizar a todos los responsables para que efectúen una apreciación del desempeño de sus colaboradores continua, equitativa y cercana.

Y un buen día te encuentras en un curso a un participante, o a dos como ha sido mi caso hace poco, que son capaces de detallar a sus compañeros su minucioso y sistemático método para apoyar y valorar el trabajo de sus colaboradores. Porque no es que sean mejores personas que los demás, sino porque entienden que es una exigencia del puesto y una manera de potenciar que el equipo esté mejor preparado para alcanzar los objetivos.

¿Será que no es tan difícil? ¿No es más bien cuestión de responsabilidad, de cumplir lo que la organización le ha encomendado con seriedad y rigor?

Esta es la historia de J, y también de J, que cuando lo lean sabrán que va por ellos.

SU MÉTODO:

- Anotar los hechos significativos al menos semanalmente

- Señalar en relación a qué criterio de valoración es pertinente

- Anotar en qué contexto ocurrió y cuando

- Apuntar observaciones o aclaraciones

- Comentarlos con el colaborador periódicamente y escuchar su punto de vista

#20 ¿Gestores u operadores? Cómo NO estar orientados al cliente.

La siguiente conversación telefónica sucede entre el cliente de una aseguradora y un gestor de clientes de la misma. Desgraciadamente es un caso bastante habitual hoy en día, no sólo en este sector sino en otros como telefonía, Internet, banca...

Si queremos clientes fieles, primero nuestra empresa deberá ser de fiar.

He marcado en negrita los momentos que más me chirrían, pero dejo para un post posterior un análisis más en profundidad. Posiblemente esperar que todas las compañías se orienten al cliente es mucho pedir, muchas sólo buscan, por mucho que su publicidad diga otra cosa, orientarse al beneficio rápido, a sobrevivir a corto plazo o generar una rentabilidad al accionista por lo menos al nivel del tipo de interés de mercado.

J (gestor): Buenos días, dígame, le atiende Javier

I (cliente): Hola, buenos días Javier, soy Ignacio XXX, cliente vuestro. Llamo porque *faltan tres días para que finalice el seguro de mi coche y no me habéis mandado la propuesta de renovación.*

J: Sí, no se preocupe, dígame su DNI... Sí, efectivamente, tiene una póliza con nosotros que le cubre un vehículo Kia Carnival... ¿es así?

I: Efectivamente. Un seguro a todo riesgo con un precio de 635€ y una franquicia de 240€

J: Bien, pues en seguida le calculo el precio de su póliza para el siguiente periodo <6 segundos>

J: El precio de la póliza será de 710€.

I: ¿Cómo? Eso es una subida importante.

J: Sí, claro, es normal, veo que ha dado un parte este año y además está el incremento del impuesto.

I: Pero es que yo llevo más de diez años con vosotros y nunca había dado un parte.

J: Ya, bueno, pero *por esa regla de tres no lo podríamos incrementar el precio nunca.*

I: Es que no me parece normal que la primera vez que tengo que dar un parte me subáis el precio un 15% casi.

J: *Sí es lo normal*, pero bueno déjeme que lo consulte. <20 segundos>

J: Sí, disculpe la espera, he podido cancelar la penalización y el precio que ahora mismo le puedo ofrecer es de 631€, en realidad 4€ menos que lo que venía pagando.

I: ¿Con el resto de condiciones idénticas y el pago trimestral?

J: Sí, exactamente. Si le parece bien le confirmar el seguro para el nuevo periodo, usted no tiene que hacer nada, le llegará...

I: Espera Javier, prefiero no confirmar nada de momento. Tengo dos ofertas de otras compañías, como os comuniqué por email, que me dan mejores condiciones y prefiero revisar las condiciones de los seguros.

J: Ah, bueno, *¡eso no me lo había dicho!*

I: Os envié hace dos semanas un email solicitando vuestro presupuesto pero me dijisteis que me llegaría por correo con antelación a la expiración del seguro.

J: ¿Qué compañías son?

I: Pues la Mutuamas y Ahorris.

J: Claro, Ahorris pertenece a Superaseguradora y compite en precios, pero verá que cuando reciba el contrato las condiciones no son las mismas que las que le damos nosotros.

I: ¿En qué?

J: *No lo sé*, pero cuando usted reciba el contrato ya habrá firmado y no podrá hacer nada. ¿Qué precio le ofrecen?

I: 575€. Vamos a hacer una cosa entonces. Les consulto a Ahorris las condiciones exactas y si no me convencen las condiciones os vuelvo a llamar.

J: Espere un momento de todas formas... <10 segundos>

J: Mire, el sistema me permite hacer un descuento sobre la oferta anterior. El nuevo precio sería 565€.

I: Me parece bien, aunque la franquicia que me ofrecen es 150€, así que prefiero de todas formas valorar su oferta también.

J: Claro, la franquicia yo ya *no puedo hacer nada*. *Espere un momento.* <10 segundos> Sr. XXX le puedo ofrecer dejar la franquicia en 180€, pero la póliza le subiría a 595€.

I: Pues te lo agradezco, lo cierto es que por ese precio prefiero dejar la póliza con vosotros, *dais un buen servicio y rápido.*

J: ¿Entonces procedemos con la renovación?

I: Sí.

J: De acuerdo, pues le actualizo los datos y ya usted no tiene que hacer nada, le llegará la confirmación por correo con el presupuesto actualizado.

I: Muchas gracias Francisco.

J: De nada, a usted.

FIN DE LA LLAMADA

Este caso les resultará familiar a mis alumnos del módulo de negociación del MBA. La conclusión que debemos extraer es que por mucho que hoy en día parezca que son los clientes los que tienen la "sartén por el mango", el gestor también contaba con recursos para negociar mejor:

- No respondas de forma inmediata o vehemente

- Solicita una contrapartida antes de hacer una concesión

- Cuida los pequeños detalles y el trato

- Presenta varias alternativas en tus propuestas

- Infórmate muy bien antes de negociar, sobre tu cliente y sobre tus competidores. Y si no es posible, realiza preguntas a tu cliente para inferir sus necesidades

- No discutas improductivamente

#21 La negociación y la cultura de empresa.

Un eje crítico de la vida en las empresas es la capacidad de negociación de las personas para consensuar metas que redunden en rentabilidad para la organización. Este tipo de negociación la denominamos *colaborativa*, ya que tiene lugar en un contexto, la empresa, donde debemos conseguir que los objetivos de las personas sean compatibles dentro de unas normas esenciales de funcionamiento. Por el contrario, cuando nos referimos a *negociación comercial* solemos aludir a la capacidad de alcanzar acuerdos con otras entidades o personas que generen la máxima *rentabilidad*, a corto y largo plazo, para la organización, lo que no necesariamente implica colaboración.

Cualquier contexto en el que se desarrollen los sistemas de gestión del desempeño en una organización incluye diariamente situaciones que exigen la demostración de dotes de negociación. El trabajo en equipo, la orientación al cliente, la planificación... todas ellas son competencias que requieren de la negociación como capacidad trasversal.

Recientemente ponía como ejemplo en una sesión de formación el caso de Amorebieta, ex-jugador del Athletic Club, como exponente de una mala negociación, para el jugador, pero muy posiblemente también con resultados negativos para el club, al menos a corto plazo.

Podéis conocer este ejemplo en: <u>Venezuela también pasa de Amorebieta.</u>

Una rápida lectura basta para deducir que no ha tenido lugar una negociación colaborativa empresa-empleado. Amorebieta no cultivó la relación con su empleador, en una organización donde además la historia pesa mucho. Se confió a una MAAN* que terminó siendo peor que el acuerdo negociado. La negociación comercial es mucho más sencilla que la colaborativa, porque los vínculos emocionales no "entorpecen" la toma de decisiones y la estimación de resultados que debes tener en cuenta se reduce principalmente a tu ámbito. ¿Por qué es tan complicado negociar con nuestros hijos o con la pareja? Simplemente porque tus expectativas y necesidades se relacionan tanto con tu punto de vista como con el de "la otra parte". En este tipo de negociaciones no vale ganar, porque tus objetivos es que la otra parte gane también. Además las consecuencias pueden afectar al desarrollo a largo plazo de la relación.

A continuación vamos a recordar los principales conceptos de la negociación y señalaremos su peso en los dos tipos de negociación:

Estándares

Colaborativa. La cultura de empresa debe insistir en unos estándares comunes

Comercial. Son un arma para fundamentar las propuestas

Objetivos

Colaborativa. Deben establecerse bajo un paradigma ganar-ganar

Comercial. Deben ser ambiciosos aunque respetando los estándares

---

Intereses

Colaborativa. Son comunes

Comercial. Pueden ser dispares

Leverage[1]

Colaborativa. Sólo debe utilizarse el positivo

---

[1] Leverage: Capacidad para mejorar o empeorar la situación de la otra parte

Comercial. Es un arma

MAAN[2]

Colaborativa. Importa el de las dos partes

Comercial. Hay que fortalecer el propio siempre

Plazos

Colaborativa. Importa el de las dos partes

Comercial. Puede favorecer a alguna de las dos partes

Relación

Colaborativa. Es vital mantenerla

Comercial. Puede no ser relevante

Zona común

Colaborativa. Es necesario llegar a ella rápidamente

Comercial. Se descubre mientras se negocia

Por lo tanto de nuevo se pone de manifiesto la importancia de contar con unos estándares, líneas de juego o cultura de organización donde se ponga de manifiesto el contexto donde tendrán lugar las relaciones entre las personas y la evolución del sistema de gestión del desempeño que nos permita construir una organización más robusta y próspera.

---

[2] MAAN: Mejor Alternativa al Acuerdo Negociado

#22 Negociar hasta cuando creemos que no estamos en condiciones de hacerlo.

Como continuación al post previo sobre Negociación, una seguidora realiza una consulta muy razonable:

¿Qué hago cuando mi posición en el escenario de negociación es de debilidad? ¿Aún así debo negociar o más bien plegarme a las exigencias de la otra parte dentro de lo razonable?

Debemos considerar que a menudo no poseemos toda la información sobre el escenario o la otra parte, y por tanto podemos dejar pasar aspectos que nos dan cierto poder: el plazo, la necesidad del interlocutor de la otra parte, terceros interesados en lo mismo que la otra parte, etc. Así que no cunda el pánico. Te ofrecemos estos consejos para que puedas analizar estrategias de negociación incluso en posiciones de debilidad:

- Evitar reconocer la posición de debilidad delante del interlocutor, ni explícitamente ni con una actitud sumisa.

- Tomarse un cierto tiempo para considerar las propuestas de acuerdo de la otra parte si consideramos que no nos benefician todo lo que podrían.

- Jugar con el tiempo si no nos perjudica.

- Mejorar mi MAAN (BATNA en inglés) a largo plazo en aquellas negociaciones que sepamos que van a ocurrir y son críticas para nuestro negocio.

- Diferenciarse de los competidores aunque sea en pequeños detalles. Ampliemos el ámbito de negociación a aspectos que nos beneficien, donde nuestra propuesta de valor al cliente sea competitiva y diferencial.

- Presentar propuestas con varias alternativas para que el interlocutor perciba interés y por nuestra parte podamos siempre conservar un beneficio.

- Ante contrapropuestas de la parte poderosa, si cedemos que sea con condiciones. Por ejemplo, aceptamos incluir un servicio de soporte mayor pero siempre que el plazo del acuerdo sea por dos años.

- Generar confianza personal con los interlocutores, aprovechando momentos en los que no se esté negociando.

- Tener en cuenta en las relaciones comerciales que lo negativo no es perder posición o margen frente a un cliente, sino perder frente a todos ellos; que nos podemos permitir una posición menos beneficiosa frente a ciertos clientes, siempre y cuando incrementemos el beneficio con otros (gestión de cartera).

- Que como último recurso siempre es posible "rendirse" y trabajar como un departamento más de la otra parte que asume las condiciones de la parte poderosa, lo que en ocasiones genera un nivel de confianza que puede hacer incrementar el negocio a medio plazo.

#23 ¿Qué podemos hacer por ellos?

Tras otra semana de trabajo con directivos y responsables de formación merece la pena hacer una breve reflexión sobre el propósito de los proyectos capitaneados por los equipos de desarrollo de personas (o formación, o desarrollo de RH, o Talento, o como le llamemos).

¿Qué estamos haciendo por ellos?

Esa es la pregunta. En qué medida nuestras ideas, proyectos, planteamientos y presupuestos consiguen dar respuesta a las necesidades de las personas que trabajan con nuestros clientes.

http://youtu.be/s8iLZi6JAI4

No se me ocurre nada mejor para ilustrar el mensaje que este vídeo, del programa Undercover Boss, donde un directivo de la cadena de establecimientos Second Cup se infiltra como si fuera un nuevo empleado en algunas de las tiendas. *Sólo os pido que veáis del minuto 8 al 14*, es suficiente con ello. La "jefa"

realiza una auténtica declaración de intenciones donde muestra que la misión de los directivos es facilitar el trabajo a los que dan el servicio a los clientes y ser más competitivos.

Os animo a que mantengáis en la mente esa cuestión clave: *¿Qué estamos haciendo por ellos?* ¿Mejoramos sus competencias? ¿Simplificamos o clarificamos procesos? ¿Innovamos para ser más competitivos? ¿Damos un mejor servicio a los clientes? ¿Llegamos a clientes nuevos?...

#24 Situaciones conflictivas en entrevistas de gestión del desempeño.

Sin duda uno de los momentos críticos de los procesos de gestión y valoración del desempeño son las entrevistas. No estamos acostumbrados a sentarnos delante de alguien y comentar sus éxitos y sus fracasos, sus fortalezas y sus áreas de mejora. Y como no nos sentimos a gusto a menudo reaccionamos a la defensiva. O bien pintando todo de color de rosa para que haya "buen rollo" con el colaborador, o bien reaccionando con agresividad a la mínima que el colaborador contradice nuestro punto de vista o la valoración que hacemos de su trabajo.

En cualquiera de los casos hacemos un flaco favor a nuestra organización. La entrevista no es un duelo al sol, es un momento donde consolidar el compromiso de jefe y colaborador hacia la mejora. Dentro de los proyectos de implantación de PMS es preciso establecer acciones de entrenamiento a través de las cuales los profesionales de la organización, sobre todo los mandos, consigan sentirse cómodos en las entrevistas. Un buen ejercicio práctico en estas sesiones es colocarle ante las situaciones más críticas que piensen que pueden surgir. Creedme cuando os digo que no hay más de doce, quizá quince, situaciones que a los mandos les estresan especialmente, y casi todas tienen que ver con contestaciones de los colaboradores cuestionando, bien el sistema, o bien la valoración que se ha realizado.

Entre ellas he rescatado tres para este post:

Todo esto del Sistema suena muy bien, pero aquí lo único cierto es que al final subes sólo un X% mi salario. Desgraciadamente en las organizaciones se tiende a mezclar el sistema de apreciación con el de remuneración. En mi opinión es preciso separarlos. El sistema de apreciación siempre es necesario, porque se trata de un sistema de mejora continua que beneficia a la organización, al equipo y a la persona. El sistema de remuneración es algo que no conviene modificar (principio de estabilidad) porque daría la impresión de improvisación y falta de transparencia, pero que debe guardar relación con el nivel de desempeño que una persona demuestra *en el medio plazo.* El sistema de remuneración es el que sea, pero eso no quita que todos debamos ir mejorando nuestro desempeño profesional. La mejor respuesta, no obstante, es que las mayores subidas salariales llegan cuando los resultados acompañan, por lo que una buena entrevista ayudará a la persona a mejorar profesionalmente y por lo tanto a tener una salario mayor en el medio plazo.

Después de hacer la entrevista me voy un poco defraudado. Yo pensaba que estabas contento con mi trabajo, y ahora dices que debo cumplir un plan de mejora y demás. En muchas organizaciones no hay tradición de sistemas de mejora continua, o el PMS es nuevo, lo que puede chocar con una cultura más tradicional o paternalista. Es preciso hacer ver que planes de progreso debemos tener todos, porque siempre hay áreas en las que mejorar o, simplemente, en las que mantener el nivel; igualmente que siempre hay algo que aprender en la vida.

Realmente no tengo demasiado tiempo de reuniones. Seguro que estaré conforme con la valoración que hagas, pero tengo cosas urgentes. Incluso un perfil de profesional serio y solvente puede perder la visión de la organización. Sin embargo de la adecuada aplicación del proceso de apreciación depende que el equipo y la persona se estén centrando en las prioridades que se hayan establecido y que todo ello guarde relación con la estrategia de la entidad. Nunca podemos relegar lo importante por dedicarnos a asuntos urgentes.

#25 10 horripilantes frases en entrevistas de gestión del desempeño.

He seleccionado diez frases desafortunadas que los manager dicen en las entrevistas. Las he extraído de las experiencias que los propios jefes me han ido contando desde hace tiempo. Recordemos que no se trata de ganar ni perder, tener o no la razón, sino de *reforzar en esas conversaciones la implicación hacia objetivos comunes*. Con las siguientes frases fulminamos las posibilidades de que eso ocurra.

1. No te preocupes, la entrevista no durará mucho.

Da a entender que es al jefe a quien realmente le preocupa la situación. O peor, como si realmente fueran a pasar un mal rato. Suena como si el jefe fuera a sacar de repente una enorme jeringuilla para endosarle al colaborador una rápida inyección dolorosa. La entrevista durará lo que tengo que durar porque es esencial para trabajar bien juntos. No queramos ser tan "guays".

2. Puedes fijarte en "fulanito" si quieres ver cómo hacerlo bien.

Las comparaciones entre compañeros del mismo equipo pueden ayudar a salir del paso al jefe, pero pueden suponer una semilla de disputas internas. Además cada colaborador puede tener su propia forma de llegar a hacer bien algo, enriqueciendo de esa manera al equipo en su conjunto. Dejemos a "fulanito" en paz.

3. No te veo motivado.

Y con este tipo de frases arrancamos una discusión sin sentido sobre algo que difícilmente ayuda a modificar el desempeño de nadie. Seamos concretos, busquemos las observaciones objetivas que nos alejan de los objetivos o aquellas que debemos reforzar y dejémonos de buscar explicaciones etéreas. Eso, claro está, supone que en la preparación de la entrevista vamos a dedicar mucho más tiempo que en su realización. No nos comportemos como videntes.

4. Por lo demás no tengo ninguna queja.

Con esta frase lo que transmitimos es que la entrevista la utilizamos para criticar (para quejarnos) y que le damos menos importancia a lo positivo. No tengamos tanta prisa en terminar.

5. Eso lo has trabajado bien, pero siempre hay que intentar mejorar.

Por supuesto que siempre es bueno mejorar, pero si esa apreciación la estamos realizando sobre una responsabilidad/actividad concreta hay que ser más específico. ¿Mejorar en qué sentido? ¿Qué debemos conseguir que no lo hayamos hecho ya? No nos creamos los más duros de la película.

6. Eres...

No me canso de decirlo en las sesiones de entrenamiento, no es recomendable ni eficaz entrar a valorar al colaborador como persona, simplemente se trata de valorar hechos de su rendimiento que nos parecen adecuados o no. Es lo que se denomina ser concreto y factual. No nos creamos superiores para juzgar así.

7. Pues ya está, nos vemos el año que viene y mucha suerte.

Da la impresión de que nos vamos de viaje y no nos volveremos a ver en mucho tiempo. Las entrevistas tan sólo son momentos formales para valorar juntos y ver cómo mejorar, pero por eso no podemos olvidar que lo realmente vital es el seguimiento de todos los días. Debemos implicarnos más como jefes.

8. Según lo que me han contado...

Aquí encontramos otra forma de esquivar la responsabilidad de proveer feedback. Si hemos realizado un seguimiento correcto del colaborador será sencillo identificar por nosotros mismos qué consecuencias, positivas o negativas, ha tenido su desempeño en los resultados, sin tener que traer a colación el punto de vista de otros, ajenos a la entrevista. No actuemos como el cotilla de la empresa.

9. Me parece mentira que...

Ésta es una frase manipuladora bastante frecuente en las entrevistas, con la que ciertos jefes castigan la conciencia del colaborador cuando no han estado conformes con los resultados de su desempeño en alguna actividad. Por ejemplo: "Me parece mentira que se te olvidara realizar aquella gestión".

Seamos objetivos y directos sin infringir ningún castigo moral, ayudando a describir de qué forma alternativa se podrían haber hecho las cosas.

10. A mí me gustaría que las cosas fueran de otro modo, pero la empresa me obliga...

De nuevo una frase a través de la cual el mando desliza su responsabilidad hacia otro lado. Estamos ante ese tipo de frases en que el jefe quiere quedar de bueno y pasar el "marrón" a la empresa. Esta frase tiene sus variantes como: "Qué más quisiera yo, pero la empresa...", "Yo estoy de acuerdo contigo, pero mis jefes...", "Yo no tengo ninguna queja, pero te digo lo que me dicen a mí...".

#25 Argumentos clave para gestionar situaciones complicadas en entrevistas de gestión del desempeño.

A fin de año para muchos profesionales de equipo llega la consabida "entrevista de evaluación". A juzgar por el número de entradas al post anterior Situaciones conflictivas en entrevistas de gestión del desempeño, éste es un tema que interesa mucho a los lectores de este blog.

En las sesiones de entrenamiento para responsables sobre cómo gestionar el desempeño de sus equipos o cómo realizar una valoración "justa" del desempeño observado a lo largo del año, compruebo que basta un poco de tiempo para pararse a pensar y los responsables son muy capaces por sí mismos de ofrecer las respuestas más adecuadas incluso en las situaciones más tensas. Sin embargo, un poco de reflexión nos permite rebajar enormemente la ansiedad cuando dirigimos una de estas entrevistas adelantándonos a posibles situaciones. Antes de señalar cuáles son los argumentos clave más utilizados por los responsables recordemos que una entrevista es sólo un hito dentro de los sistemas de gestión del desempeño. Además, si se ha efectuado un *seguimiento* a lo largo del periodo la entrevista servirá esencialmente realizar una buena recapitulación, para poner la guinda.

* No aceptar deformaciones de la realidad. Cuando nuestro colaborador realiza una crítica generalizada a nuestra forma de actuar, el sistema o la empresa debemos hacerle aterrizar para que concrete qué le gustaría cambiar y así explotar de qué soluciones disponemos.

* Cuando próximos a finalizar la entrevista el colaborador critica algunos de los temas abordados podemos volver a tratarlos si es preciso.

* A menudo lo pasado no podemos cambiarlo, pero sí podemos prepararnos para que el periodo siguiente sea mejor llegando a acuerdos sobre nuestra forma de trabajar o acciones de mejora que llevar a cabo.

* Busquemos aspectos del desempeño del colaborador que sean positivos para remárcalos y expresar la necesidad de que se mantengan en el futuro.

* Utilizar todos los mecanismos del sistema de gestión del desempeño que favorezcan las capacidades presentes o futuras del colaborador (acciones de mejora, carrera profesional, catálogo de acciones formativas disponibles...).

* Recurramos al colaborador para explorar y elegir alternativas de actuación en el futuro.

#26 Cuidado con los consejos

Los que estéis mínimamente familiarizados con este blog sabréis que mi posición general sobre la dirección de personas es bastante prudente. Siempre me han levantado una especie de urticaria los discursos de "todas las personas son buenas", "hay que motivar a las personas para que trabajen bien", "la escucha es el bálsamo para todos los males" y otras cosas así en el campo de la literatura liderazgo mal entendido.

Igualmente, creo que todos estaremos de acuerdo que si buscamos compatibilizar las expectativas de las personas y los objetivos corporativos (que al fin y al cabo es de lo que va este post) es esencial tratar de comprender el punto de vista de los demás. Partiendo de ello os tengo que contar algo que vi la semana pasada. A menudo, seguro que como muchos de vosotros, recibo mensajes de esos de Linkedin del tipo "people are looking at your Linkedin profile" donde te mandan algunas ofertas de trabajo que la aplicación piensa que te pueden interesar. Entre ellos se mencionaba una consultora especializada en gestión del desempeño. El link me llevó a un vídeo:

http://www.krauthammer.com/es/articles/video-conversacion-de-realineacion

donde una jefa dirigía una entrevista de realineación. En el vídeo se muestran dos escenas: la primera se supone que es "la mala" y la segunda "la buena". Lo preocupante es que en ninguna de las dos escenas se tiene en cuenta el punto de vista del colaborador, ni se exponen los resultados de su forma de actuar para tratar de que sea él mismo quien busque una solución. Como digo al comienzo de este post, no debemos caer en el buenismo, y posiblemente es mejor actuar de forma imperfecta que no hacer nada cuando las cosas no funcionan, pero considerando que hablamos del consejo de una consultora seria por mi parte propondría algunas técnicas alternativas:

* Método CANDID de realineación en seis pasos:

C omparto — Estos dos días he estado revisando la información que me mandabas de tu actividad

A nalizo — ¿Crees que has incluido toda la información que establecimos que era necesaria para que lleváramos el seguimiento?

N ormalizo — Es cierto que día a día no hay suficientes cambios y podemos pensar que es información irrelevante

D iscuto — Sin embargo el peligro es que si no los tenemos en cuenta dejamos de poder hacer seguimiento de todos los distribuidores

I ncentivo — Será fabuloso que puedas tenerlo en cuenta a partir de ahora, de esa forma me es más fácil ayudarte si es necesario

D esenlazo — Por cierto que si mañana tienes que visitar la tienda Y me voy contigo que yo tengo que ir al lado

- Técnica de feedback en 4 pasos: comunicar lo que hemos observado, exponer qué consecuencias produce y qué emociones nos supone, por último proponer una alternativa.

- Revisar alguno de los post sobre el tema de este blog, por ejemplo: ¿Qué hacemos con los poor performers? Estas opciones representan tres alternativas reales que tienen en cuenta la posición del otro sin abdicar la responsabilidad de realinear desempeños o enfocar a objetivos.

Estrategia

#27 De la imaginación a la medición, alinear los planes estratégicos con los objetivos personales.

Gracias Luisa por tu email. En él me comentabas que echabas de menos que expusiéramos un proceso completo de gestión del desempeño utilizando algún ejemplo real. Vamos con ello en este post.

> *"...si bien me interesan los post que vas publicando tengo la impresión de que los veo flotar en el mundo de las ideas, echo de menos algún ejemplo concreto que me ayude a entender bien todos los conceptos... me refiero por ejemplo a cuando hablas de lo necesario que es que la estrategia se alinee con lo que me valora mi jefe..."*

A principios de este año me reuní con los tres principales directivos de una empresa dedicada a la fabricación de mobiliario efímero (llamémosla EFMO). Entre muchas cosas de las que me contaron decían:

a. Hay muchas personas que preguntan continuamente qué es lo que tienen que hacer y piden autorización para todo, sin atreverse a tomar decisiones

b. Los clientes parecen asunto sólo del departamento comercial, el resto de la organización además los ve como un incordio

c. Cuando llega el momento de pagar el salario variable todo el mundo piensa que se merece el máximo porque han trabajado muy duro

Por resumir, yo les dije que tenían una cultura empresarial bastante "tradicional", basada en la historia, en el paternalismo del fundador y con gran enfoque al esfuerzo, más que a la rentabilidad. Les comenté que si querían seguir desarrollando la empresa, internacionalizarla, conseguir clientes A y crear una estirpe de directivos que aseguren la continuidad de la empresa debían hacer cambios. Caminar hacia una cultura donde cada mando fuera más independiente sin perder de vista las prioridades de la organización, donde podamos medir en qué sentido mejoramos y donde la gente tenga más incentivos a proponer, a participar y a decidir. Y todo ello sin perder de vista lo que quieren los clientes.

El eje principal en el que trabajamos fue la creación de un PMS que hilvanara la estrategia con los desempeños de los equipos y las personas. Creamos un cuadro de mando estratégico con indicadores en 4 dimensiones: finanzas (¿tenemos financiación?), clientes (¿damos respuesta a las necesidades del mercado?), procesos (¿somos eficientes?) y personas (¿contamos con el talento necesario?). Sobre dimensiones de la empresa recomiendo el paradigma de la gestión del conocimiento extraído del caso de la empresa Skandia.

Estos indicadores llevaban asociados unos umbrales de permisividad donde, en principio, debían moverse los indicadores para cumplir los objetivos estratégicos.

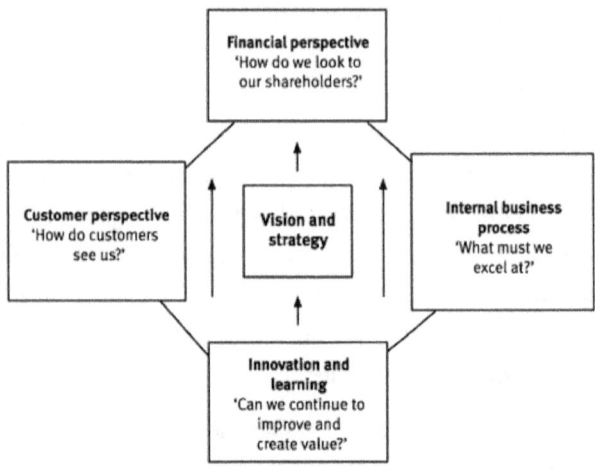

Este cuadro de mando plasmaba decisiones estratégicas, tales como basar el crecimiento de la organización en un mayor porcentaje de clientes A para asegurar la sostenibilidad de la empresa y su rentabilidad. Relacionado con ello era prioritario, por ejemplo, reducir las incidencias en las entregas a los clientes, desde la dimensión de procesos. A su vez ese indicador se reflejaba en objetivos grupales y personales en los equipos de logística, producción y calidad.

Echando un vistazo al cuadro de mando estratégico era fácil analizar si estábamos cerca o lejos del rumbo que nos habíamos marcado como empresa, pero además observando los indicadores asociados a los equipos y personas era sencillo descender para saber en qué zonas de la empresa estábamos cumpliendo las expectativas y en cuales no tanto.

Pronto pudimos afrontar los tres problemas, bien identificados, que nos habían comentado los directivos.

a. El PMS nos ayudó a transmitir a las personas cuál era su margen de autonomía.

b. Con el cuadro de mando fue sencillo explicar cómo todos los esfuerzos en todos los puestos de la compañía tienen un reflejo de cara al cliente.

c. EL SALARIO VARIABLE PASÓ A TENER UNA RELACIÓN MUCHO MÁS DIRECTA CON LOS RESULTADOS, Y NO CON EL ESFUERZO, PUDIÉNDOSE CONTEMPLAR OBJETIVOS DE EMPRESA, DE DEPARTAMENTO O PERSONALES, CADA UNO EN UN PORCENTAJE.

#28 Orientación al cliente o atención al cliente.

Gracias Ana por tu pregunta: "*¿Estar orientado al cliente no significa ser un poco su esclavo? ¿Eso es bueno para mi empresa?*" Sí, es cierto, a veces es lo que parece... menos mal que están las compañías telefónicas, bancos, agencias de viaje y compañías energéticas para tratarnos mal y ponernos en nuestro sitio.

O si no que se lo digan a la ocu.org que sabe de esto.

A mi juicio, y es preciso tenerlo muy claro cuando hablamos de orientación al cliente:

a. No te pueden valer todas las personas o empresas del mundo como clientes, porque será sólo una parte de ellos a los que les podrás dar un buen servicio.

b. Esa relación debe ser sostenible en el tiempo; es decir, que el cliente una satisfacción o rentabilidad y tu empresa obtendrá una rentabilidad.

c. Que el modo en que le aportas valor (que puede ser variopinto: por precio, por diseño, por prestigio, por cercanía, por...) determinará la forma en que se organiza su empresa. *De esto va este blog.*

d. Que ello no significa que hagas siempre lo que te diga ese cliente, es más a veces ni él mismo sabrá lo que necesita porque simplemente no lo ha probado y tú serás quien tiene que convencerle... pero pensando en él, no en peregrinas ideas sobre "cómo deben ser las cosas". Bueno, hemos evitado poner una foto de una telefonista en este post, que ya es un avance, pero además hay otra pregunta:

"¿Y por qué hay empresas que tratan tan mal a los clientes pero sobreviven?"

Pues es verdad, qué rabia.

#29 Hay mercado para los cariñosos.

O cómo las grandes compañías malgastan sus presupuestos de publicidad molestando a los clientes.

Hoy os tengo que hablar de una mala experiencia. Una lamentable decepción que deja en evidencia la tremenda diferencia entre lo que nos prometen las marcas y lo que nos dan. Trabajando sobre Experiencia de Cliente en Distrito C en Madrid propuse a los participantes en la sesión realizar un modesto estudio donde analizáramos la experiencia de cliente en cuatro sectores distintos: operadores, energía, viajes y seguros. Mis alumnos realizaron llamadas a empresas de estos sectores (un total de 14) realizando distintas consultas, desde presupuestos para adquirir el servicio a simples consultas. Todas las empresas cuentas con presupuestos de publicidad multimillonarios.

Tan solo podemos considerar a tres como aprobadas. Una de ellas con notable alto.

Realmente es para hacérselo ver. ¿Qué es lo que hace que las empresas arruinen de esa manera sus presupuestos de publicidad, contraríen las promesas que hacen y diezmen sus resultados de captación y fidelización de clientes?

Tenemos ante nosotros, sin duda, un claro ejemplo de que la estrategia va por un lado y la ejecución por otro. Glamurosas marcas infectadas del cortoplacismo que lleva al mal trato al cliente. Una lectura optimista: HAY MERCADO PARA LOS CARIÑOSOS. Nuestra conclusión es que, mientras la mayor parte de las grandes compañías lo hagan mal, hay hueco para que simples intermediarios o brokers generen negocios simplemente *tratando bien al cliente*. La corrección (no ya la excelencia) como fuente de competitividad.

Entre las malas prácticas detectadas se encontraban:

- Centralitas inaccesibles

- Peticiones abusivas de datos personales

- Brusquedades y algún caso de falta de respeto

- Websites enrevesados con escasa información

- Llamadas que se cortan

- Interlocutores sin formación

- Ausencia de multicanalidad (poder acceder vía web, email, teléfono, móvil... a la misma información)

Es sencillo, TRÁTAME BIEN, educadamente, haz lo que prometes en tus anuncios. Respétame. ¿Es tan complicado? Sería un primer y sencillo paso para congraciar de nuevo estrategia y ejecución.

#30 ¿Es tan importante preocuparse por las personas?

La semana pasada un colega me hacía una observación que es posible se halle en la mente de algunos lectores de este blog, especialmente en aquellos más escépticos con las políticas de Recursos Humanos. En concreto trajo a colación una frase de Fujio Cho (http://bit.ly/p8m0Nc), promotor del proceso de mejora continua de Toyota, precedente de la mayor parte de métodos de mejora continua. Cho tiene ahora casi 75 años.

"We get brilliant results from average people managing brilliant processes. We observe that our competition often gets average (or worse) results from brilliant people managing broken processes."

Si esto era cierto para Toyota y revolucionó la forma de producir en todo el mundo, ¿realmente debemos gastar energías en PMS que se empeñen en la mejora profesional de todos los empleados y en dar y proveer feedback? ¿No se trata más bien de una moda, de ataques de "buenismo" para mantener "motivada" a la gente? Desde ese punto de vista, un buen PMS que establezca objetivos personales alineados con los de la organización y ayude a construir procesos eficaces será suficiente, incorporando indicadores que nos digan si vamos por el buen camino. Dejando claro que no se trata de elegir si formar a las personas o diseñar brillantes procesos, hoy en día no puedo tomar la frase de Cho como una referencia a seguir:

- En primer lugar, es posible que en un entorno manufacturero, donde la referencia es el producto previamente diseñado, los procesos tengan mayor peso que cuando estamos vendiendo servicio y son las expectativas del cliente nuestra continua referencia.

- En cualquier caso, en la economía moderna las empresas más exitosas otorgan al componente de servicio un papel fundamental, ya que es la única forma de diferenciarse que tienen. Esto es válido sectores tales como la banca, la salud, los seguros, automoción, turismo... ¿Por qué Amazon ha producido un e-book? Fundamentalmente para reforzar su vasto y estupendo negocio de servicio de distribución de cientos de artículos.

- Y lo que es más importante: si quieres mejorar un proceso hazlo a través de las personas que lo manejan y lo conocen bien, y de aquellas que están cerca del cliente. Olvidaos de maquinar las decisiones importantes en despachos de las plantas más altas del edificio prescindiendo del punto de vista de las personas que tienen la verdadera información. Y, claro, por ello es tan importante ayudar a las personas a desarrollarse... y que sean protagonistas de los cambios.

- Por último diría que los procesos están compuestos de interacciones entre personas, aquí entran aspectos tales como la capacidad de entendimiento entre departamentos o la capacidad de colaboración. Mucho se podría contar sobre las barreras de comunicación en las empresas.

#31 Hacia el cliente

En las últimas semanas alguno de los lectores del blog han comentado una problemática bastante usual en las empresas y en las que parece lógico que los PMS colaboren. Se trata de orientar la empresa al cliente y, en consecuencia, el desempeño de las personas. A menudo parecen producirse algunos comportamientos personales contrarios a la orientación al cliente, tales como:

- Rehusar escuchar al cliente o pensar que dice tonterías

- Exceso de arrogancia, actuando en nombre del cliente antes de que él decida

- No contar con él para definir el servicio que ofertamos

Muchos directivos se tiran de los pelos porque ven tan claro lo que hay que hacer y cómo comportarse con el cliente que no entienden cómo podemos cometer esos errores. Lo cierto es que desde las trincheras del día a día eso puede no estar tan claro y a los empleados pueden llegarles señales contradictorias sobre lo que es la estrategia y la rentabilidad en esa empresa en concreto. Pero no saben por dónde empezar, qué puede hacerse para que todos comprendan lo que significa orientarse al cliente. Es posible que pongan como ejemplo a un mirlo blanco con el peligro de cederle excesiva responsabilidad y que sea él quien se queme frente al resto de empleados. Hay tres capas sobre las que se debe trabajar cuando buscamos orientar al cliente nuestras acciones:

Permitid que sean las personas quienes construyan sus objetivos particulares (de equipo o personales) a partir de una estrategia conocida

Nadie mejor que las personas que están en contacto con el cliente todos los días para deducir los atributos de satisfacción del cliente y, en función de ello, fijar o proponer los key performance indicators, KPI (que dicho sea de paso son un magnífico criterio para valorar el desempeño de equipos/personas). El paso previo será, desde luego, un plan estratégico que servirá de punto de partida en el que basar el trabajo de los equipos.

Intensificar la comunicación con los jefes de equipo

Cambios culturales exigen normalmente que los directivos se remanguen y acompañen el día a día de los mandos intermedios, escuchándoles, reorientándoles y realizando un seguimiento de los KPI que hayamos establecido. En síntesis, creo que la labor en este punto radica y hacer ver que todo es posible en la empresa para consolidar nuestra posición con el cliente. En ocasiones este punto requiere un entrenamiento/formación de los mandos en gestión del desempeño y habilidades de relación para poder realizarlo eficazmente.

Ser referente, dar ejemplo con las decisiones y acciones que toma la Dirección

No hay nada más terrible que la indefinición en épocas de cambio, los directivos deben estar coordinados para empujar todos en la misma dirección y cerciorarse de que sus decisiones son coherentes con el rumbo emprendido.

#32 Y a ellos... ¿qué les importa?

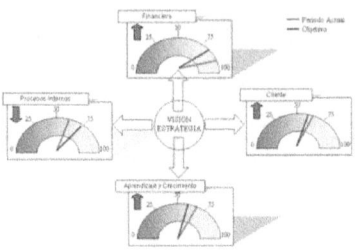

En este blog hemos hablado a menudo de aquellos indicadores que los equipos y las personas necesitan y agradecen para saber "si van bien o no". Se trata de indicadores que permiten hacer descender la estrategia al desempeño de equipos y personas.

En este post vamos a hablar de otros indicadores, de aquellos a los que los directivos les suelen prestar atención para saber si la gestión de personas ayuda a la estrategia. Para todos aquellos que trabajáis en departamento de desarrollo de recursos humanos (o gestión de personas, del talento...), puede ayudaros a confeccionar vuestros *cuadros de mando* con información concreta para realizar el reporting periódico a vuestros directivos.

Entre estos indicadores podemos hablar de cuatro tipos:

I. DESEMPEÑO o ACTIVIDAD

Son los indicadores presentes fundamentales que valoran si las acciones de las personas van en consonancia con la estrategia fijada por la organización.

- *Consecución de expectativas*: Consecución de objetivos, cumplimiento responsabilidades o demostración de competencias, son indicadores típicos resultantes de los sistemas de gestión del desempeño. Proyectos como los Feedback 360 grados también pueden proveer indicadores significativos de este tipo.

- **Productividad**: Tanto desde el punto de vista de los ingresos como de los gastos, ratios como ventas/número de empleados, rentabilidad marginal o gastos/número de empleados permiten visualizar a medio plazo la contribución finalista a la sostenibilidad de la organización

- **Planes de progreso completados:** Tanto desde la óptica de organización, de equipo o individual, si es posible medir la consecución de mejoras, aportarán un indicador de progreso interesante. Puede conseguirse a través de un sistema de gestión del desempeño, un sistema de calidad o procesos de mejora continua.

II. PREVISIÓN Y POTENCIAL

Si miramos al futuro, existen un grupo de indicadores que permiten valorar en qué medida la organización está preparada para el futuro.

- **Futuro:** ¿Existen sustitutos preparados para ocupar los puestos clave de la organización?

- **Movilidad:** ¿Contamos con la suficiente movilidad funcional y geográfica de nuestros profesionales para asumir retos como la expansión de las operaciones o la entrada en nuevos mercados?

III. IMPLICACIÓN

Son aquellos indicadores que valoran en qué medida los profesionales están alineados con los planes de la organización.

- *Absentismo:* Es un indicador sencillo pero clave y el análisis de sus causas y evolución puede arrojar mucha luz acerca de la implicación de los profesionales.

- *Rotación:* Igualmente, su evolución, distribución y causas debe ser fruto de seguimiento.

- *Reputación:* La valoración de los profesionales acerca de puntos clave de la organización como el estilo de mando, el contenido y condiciones de los puestos, la posibilidad de desarrollo profesional o la sostenibilidad del negocio, tiene consecuencias, antes o después, en las ventas y la calidad de servicio.

IV. HIGIÉNICOS

Por último se encuentran aquellos indicadores que conforman la condición necesaria, aunque no suficiente, para la salud de la organización.

- Accidentes laborales

- Estabilidad laboral en la organización

Para las áreas de gestión de personas todos estos indicadores suponen objetivos finales. Para mejorarlos las áreas de gestión de personas podrán desarrollar sus propios indicadores intermedios, por ejemplo: la participación en los programas de formación, el coste y tiempo necesario para completar un proceso de selección, o el índice de equidad en las remuneraciones. Todos ellos son útiles, pero siempre que no perdamos de vista los objetivos finales mencionados u otros equivalente, y que al fin y al cabo son los que importan a los directivos de la organización.

SOBRE EL AUTOR

IÑAKI ALIENDE

Consultor y Formador en Desarrollo Empresarial y
Habilidades Directivas.

Fundador de The Capsule Company.
Creador del blog Estrategia y Personas. Colaborador de la
revista Learning Review.

Profesor de la Fundación Repsol, la Universidad de
Mondragón, las Escuelas de Excelencia de Telefónica y la
Escuela de Organización Industrial.

Ha sido Director de eLearning de la CECA, Consultor
Internacional del Banco Mundial y Consultor Senior en Grupo
Cegos.

ialiende@outlook.com
@ialiende